училище - a skoro	2
пътуване - a koiri	5
транспорт - a transport	8
град - a foto	10
пейзаж - a landschap	14
ресторант - a restaurant	17
супермаркет - a wenkri	20
напитки - a dringi	22
ядене - a nyan	23
селски двор - a burugron	27
къща - a oso	31
всекидневна - a foroisi	33
кухня - a botrali	35
баня - a was oso	38
детска стая - a pikin kamra	42
облекло - a krosi	44
офис - a kantoro	49
икономика - a ekonomia	51
професии - den kari	53
инструменти - a wrokosani	56
музикални инструменти - den poku sani	57
зоологическа градина - a meti dyari	59
спорт - a sport	62
дейности - den aktifiteit	63
семейство - a famiri	67
тяло - a skin	68
болница - a ati oso	72
спешен случай - a nowtu	76
Земя - a grontapu	77
часовник - oloisi	79
седмица - a wiki	80
година - a yari	81
форми - den form	83
цветове - kloru	84
противоположности - difrenti	85
числа - den nomru	88
езици - den tongo	90
кой / какво / как - suma / sang / fa	91
къде - pe	92

Impressum
Verlag: BABADADA GmbH, Nedderfeld 112 , 22529 Hamburg
Geschäftsführer / Verlagsleitung: Harald Hof
Druck: Books on Demand GmbH, In de Tarpen 42, 22848 Norderstedt

Imprint
Publisher: BABADADA GmbH, Nedderfeld 112 , 22529 Hamburg, Germany
Managing Director / Publishing direction: Harald Hof
Print: Books on Demand GmbH, In de Tarpen 42, 22848 Norderstedt

училище
a skoro

- деление — prati
- черна дъска — a bord
- класна стая — a klas
- училищен двор — a skoro dyari
- учител — a leriman
- хартия — a papira
- химикал — a pen
- бюро — a tafra
- пиша — skrifi
- линеал — a lati
- книга — a buku
- ученик — a studenti

ученическа раница
a skorotas

ученически несесер
a kisi

молив
a skriftiki

острилка за моливи
a srapu

гума
a sisibi

блок за рисуване
a prenki buku

рисунка
a prenki

четка
a kwasi

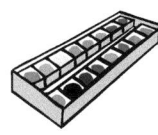

акварелни бои
a ferfidosu

ножица
a sisei

лепило
a gomma

тетрадка за упражнения
a skrifbuku

домашна работа
a skorowroko

число
a nomru

събиране
teri

изваждане
koti

умножение
vermenigvuldig

смятане
teri

буква
a brifi

азбука
a alfabet

дума
a wortu

училище - a skoro

текст
a wortu

чета
lesi

тебешир
a kreiti

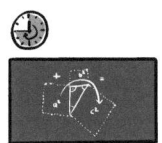
час
a yuru

дневник на класа
a klasbuku

изпит
a examen

свидетелство
a skoropapira

ученическа униформа
a sem skoro krosi

образование
a skoro

справочник
a encyklopedie

университет
a unifersiteit

микроскоп
a mikroskoop

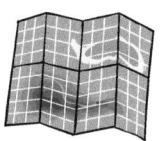
карта
a karta

кошче за хартиени отпадъци
a doti embre

училище - a skoro

пътуване
a koiri

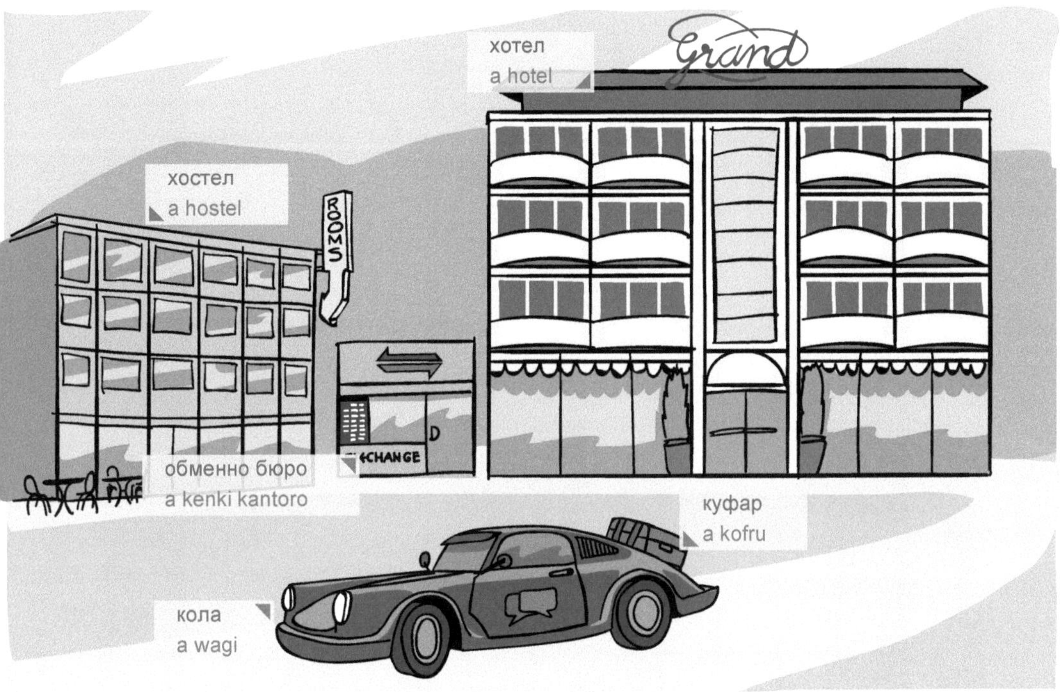

хотел / a hotel

хостел / a hostel

обменно бюро / a kenki kantoro

куфар / a kofru

кола / a wagi

език

a tongo

да / не

ai / no

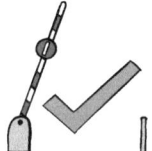

Окей

afen

здравей

Ei!

преводач

a torku

Благодаря

Grantangi

Колко струва...?
O meni...?

Не разбирам
Mi ne ferstan

проблем
a problema

Добър вечер!
Kuneti!

Добро утро!
Morgu!

Лека нощ!
Kuneti!

довиждане
Adyosi!

посока
a beni

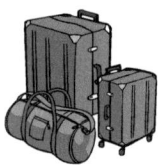

багаж
a bagasi

пътна чанта
a tas

раница
a tas

посетител
a fisiti

стая
a kamra

спален чувал
a sribi saka

палатка
a tenti

пътуване - a koiri

туристическа информация

a reiskantoro

плаж

a sekanti

кредитна карта

a kreditkarta

закуска

a mamanten nyanyan

обед

nyanyan

вечеря

a nyanyan

билет

a karta

асансьор

a lift

пощенска марка

a stampu

граница

a lanki

митница

a douane

посолство

a ambassade

виза

a fisa

паспорт

a pasportu

пътуване - a koiri

транспорт
a transport

- самолет — a isrifowru
- кораб — a boto
- пожарна кола — a brandweerwagi
- автобус — a bus
- товарен автомобил — a wagi
- моторна лодка — a motro boto
- кола — a wagi
- велосипед — a baisigri

фериботf
a pondo

лодка
a boto

мотоциклет
a motro

полицейска кола
a skowtu wagi

състезателна кола
a streilon wagi

кола под наем
a yuru wagi

 каршеринг a wagi prati	 автомобил от "Пътна помощ" a takelwagi	 сметовоз a doti wagi
 двигател a motro	 бензин a oli	 бензиностанция a oli pompu
 пътен знак a ferkeermarki	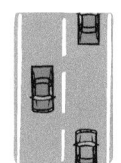 улично движение a ferkeer	 задръстване a reylo
 паркинг a parkeerpresi	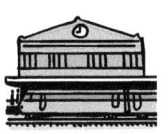 гара a lokopresi	 релси den rail
 влак a loko	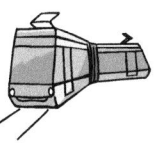 трамвай a loko	 вагон a wagi

транспорт - a transport

хеликоптер
a helikopter

аерогара
a opolangi

кула
a fortresi

пасажер
a pasasir

контейнер
a kontainer

кашон
a doso

ръчна количка
a wagi

кошница
a baskita

излитам / приземявам се
opo go / saka

град
a foto

село
a dorpu

градски център
a fotosei

къща
a oso

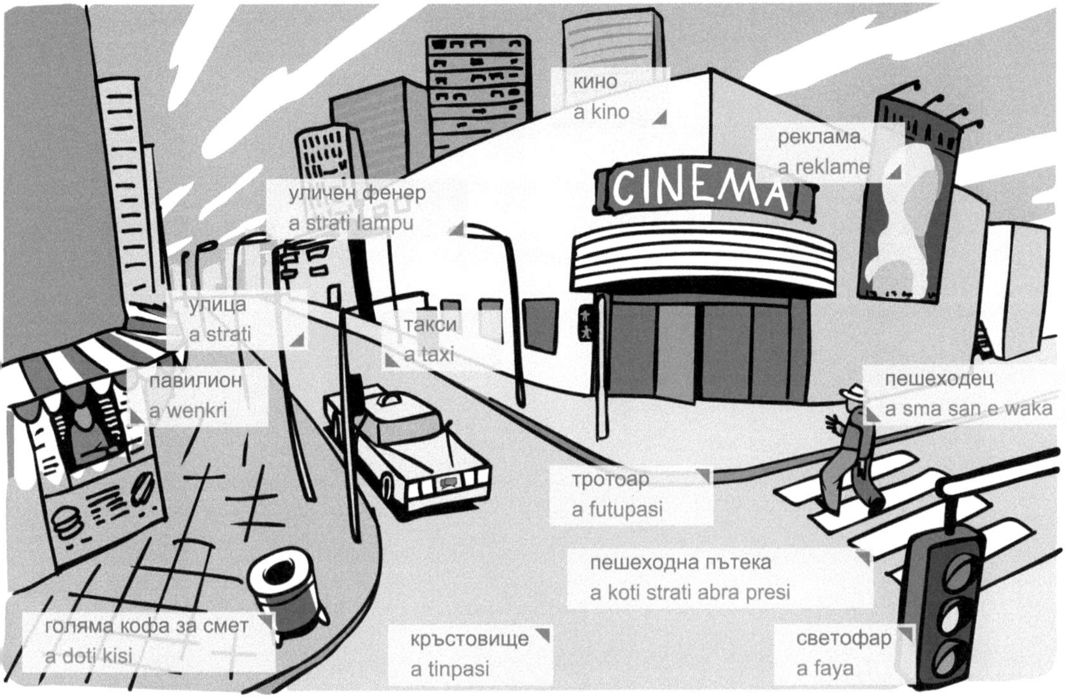

кино
a kino

реклама
a reklame

уличен фенер
a strati lampu

улица
a strati

такси
a taxi

павилион
a wenkri

пешеходец
a sma san e waka

тротоар
a futupasi

пешеходна пътека
a koti strati abra presi

голяма кофа за смет
a doti kisi

кръстовище
a tinpasi

светофар
a faya

хижа
a kampu

жилище
a oso

гара
a lokopresi

кметство
a foto oso

музей
a museum

училище
a skoro

град - a foto

университет
a unifersiteit

банка
a bangi

болница
a ati oso

хотел
a hotel

аптека
a apteiki

офис
a kantoro

книжарница
a buku winkri

магазин за цветя
a wenkri

магазин за цветя
a bromki winkri

супермаркет
a wenkri

пазар
a wowoyo

универсален магазин
a wowoyo

търговец на риба
a fisi seri man

търговски център
a bigi wenkri

пристанище
a lanpresi

парк

a park

пейка

a bangi

мост

a broki

стълба

a trapu

метро

a fatyawagi

тунел

a ondrogron-strati

автобусна спирка

a bushalte

бар

a bar

ресторант

a restaurant

пощенска кутия

a brifibus

улична табелка

a strati nen marki

часовник за паркинг престой

a parkeer marki

зоологическа градина

a meti dyari

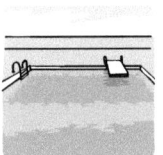

плувен басейн

a swen presi

джамия

a gado-oso

град - a foto

селски двор

a burugron

замърсяване на околната среда

a doti sani

гробище

a berpe

църква

a kerki

детска площадка

a prei presi

храм

a gado-oso

пейзаж
a landschap

- листо — a wiwiri
- пътепоказател — a pasi marki
- път — a pasi
- ливада — a wei
- камък — a ston
- дърво — a bon
- пътешественик — a koiri sma
- река — a libi
- трева — a grasi
- цвете — a bromki

 долина a lagi presi	 планина a lebriki	 море a fisi-olo
 гора a busi	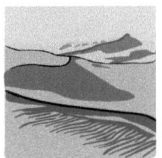 пустиня a dreisabana	 вулкан a bergi
 замък a ridder-oso	 дъга a alenbo	 гъба a todoprasoro
 палма a palmbon	 комар a maskita	 муха a treitrei
 мравка a mira	 пчела a waswasi	 паяк a anansi

пейзаж - a landschap

бръмбар
a asege

жаба
a todo

катеричка
a bonboni

таралеж
a agidya

заек
a kon koni

кукумявка
a owru kuku

птица
a fowru

лебед
a gansi

диво прасе
a werder agu

елен
a dia

лос
a dia

бент
a dan

вятърна турбина
a winti miri

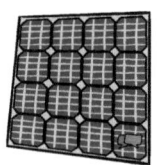

соларен модул
a son planga

климат
a weer

пейзаж - a landschap

ресторант
a restaurant

- келнер — a diniman
- меню — a nyankarta
- стол — a sturu
- супа — a supu
- пица — a pissa
- прибори за хранене — nefi nanga forku
- покривка за маса — tafra duku

предястие
a fesi nyanyan

основно ястие
a moro prenspari sortu nyan

десерт
a switi sani

напитки
a dringi

ядене
a nyan

бутилка
a batra

бързо хранене	улична храна	кана за чай
a fastfood	strati nyanyan	a tépatu

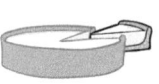

кутия за захар	порция	еспресо машина
sukru patu	a krab'patu	a espressomasyin

висок детски стол	сметка	табла
a pikin sturu	a borgu	a brakri

ножица за нокти	вилица	лъжица
a nefi	a forku	a spun

чаена лъжичка	салфетка	стъклена чаша
a téspun	a servet	a grasi

ресторант - a restaurant

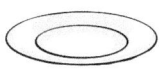

чиния
a preti

чиния за супа
a supu preti

чинийка
a skotriki

сос
a sowsu

солница
a sowtupatu

мелничка за черен пипер
a pepre miri

оцет
a asin

олио
a oli

подправки
den specerij

кетчуп
a ketchup

горчица
a mosterd

майонеза
a mayonaise

супермаркет

a wenkri

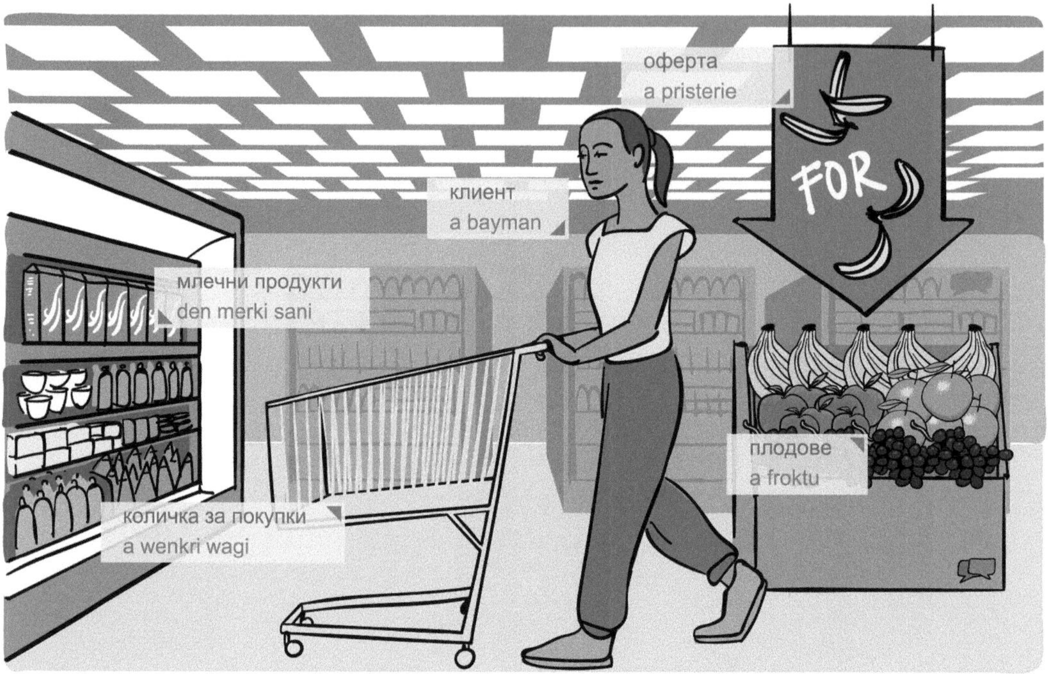

оферта
a pristerie
FOR
клиент
a bayman
млечни продукти
den merki sani
плодове
a froktu
количка за покупки
a wenkri wagi

BUTCHERS

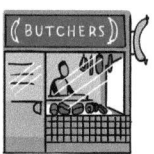

кланица

a srakti-oso

BAKERY

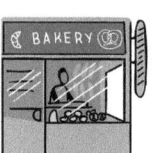

хлебарница

a bakri-oso

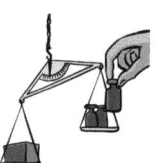

тегля

wegi

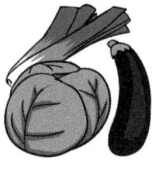

зеленчуци

a gruntu

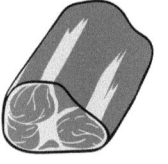

месо

a meti

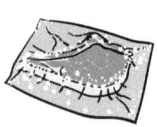

дълбоко замразена храна

den ijskasi sani

нарязан колбас или сирене
a kowru meti

консерви
a blik nyan

перилен препарат
a wasi sani

лакомства
a switi sani

домакински изделия
den oso sani

почистващи препарати
a sani fu krin

продавачка
a seri sma

каса
a kas

касиер
a kasman

списък на покупките
a bai marki

работно време
den opo yuru

портфейл
a portmoni

кредитна карта
a kreditkarta

чанта
a tas

пластмасова торба
a plastik saka

супермаркет - a wenkri

напитки
a dringi

вода

a watra

сок

a sap

мляко

a merki

кола

a kola

вино

a win

бира

a biri

алкохол

a sopi

какао

a skrati

чай

a té

кафе машина

a kofi

еспресо

a espresso

капучино

a kappuccino

ядене
a nyan

банан
a bakba

ябълка
a apra

портокал
a apresina

пъпеш
a watramun

лимон
a sitrun

морков
a rutu

чесън
a konofroku

бамбук
a bambu

лук
a aiun

гъба
den todoprasoro

ядки
den noto

макарони
a pasta

спагети
a spaghetti

ориз
a alesi

салата
a salade

пържени картофи
a patata

печени картофи
den baka patata

пица
a pissa

хамбургер
a burger

сандвич
a brede

шницел
a schnitsel

шунка
a ameti

траен колбас
a salami

салам
a worst

пиле
a kafowru

печено
a bakadina

риба
a fisi

ядене - a nyan

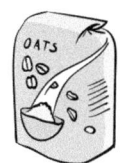

овесени ядки

a hafermout

мюсли

a muesli

корнфлейкс

den karuflakes

брашно

a blon

кроасан

a croissant

хлебчета

den brede

хляб

a brede

препечена филийка

a baka brede

бисквити

a buskutu

масло

a botro

извара

a kwark

сладкиш

a kuku

яйце

a eksi

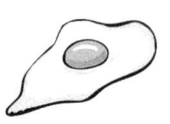

яйца на очи

a baka eksi

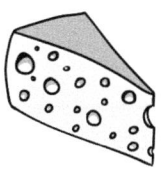

сирене

a kasi

ядене - a nyan

сладолед
a ice-cream

захар
a sukru

мед
a oni

мармалад
a jam

нуга крем
a sukruskrati pasta

къри
a kerrie

ядене - a nyan

селски двор
a burugron

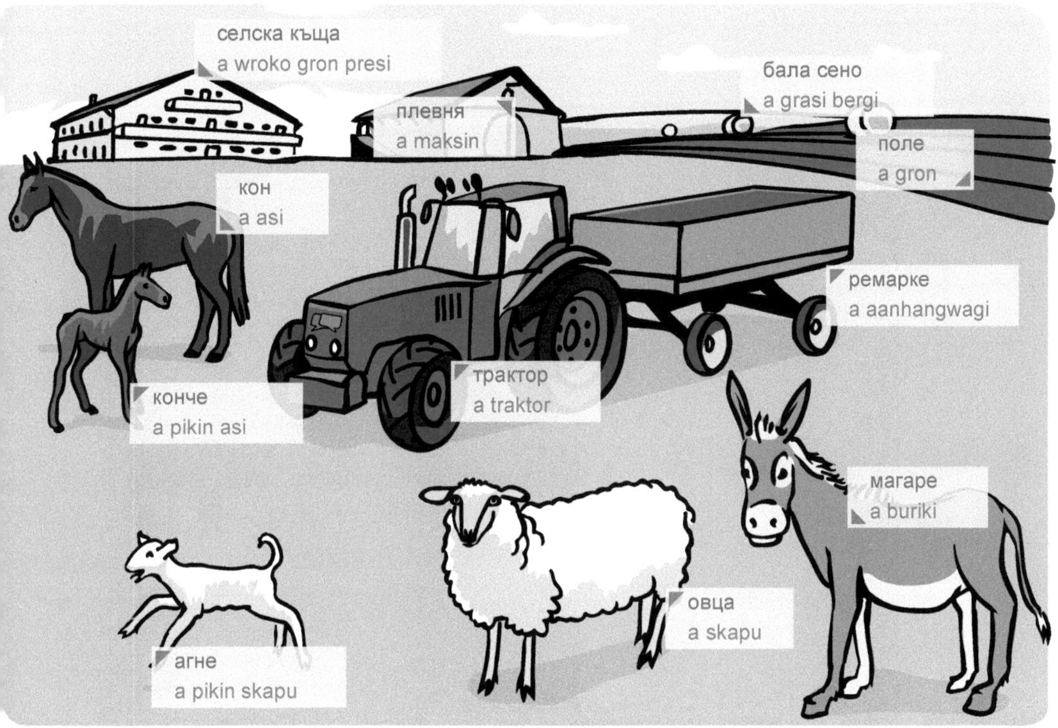

- селска къща — a wroko gron presi
- плевня — a maksin
- бала сено — a grasi bergi
- поле — a gron
- кон — a asi
- ремарке — a aanhangwagi
- конче — a pikin asi
- трактор — a traktor
- магаре — a buriki
- агне — a pikin skapu
- овца — a skapu

коза
a krabita

крава
a kaw

теле
a pikin kaw

свиня
a agu

прасенце
a pikin agu

бик
a burkaw

гъска
a gansi

патица
a doksi

пиленце
a pikin fowru

кокошка
a fowru

петел
a kakafowru

плъх
a alata

котка
a puspusi

мишка
a moismoisi

вол
a burkaw

куче
a dagu

кучешка колиба
a dagu pen

градински маркуч
a tuinslang

лейка
a watra kan

коса
a nefi

плуг
a pluga

селски двор - a burugron

сърп
a babun-nefi

мотика
a tyapu

вила за тор
a forku

брадва
a beyri

ръчна количка
a kroiwagi

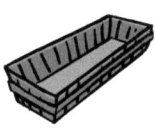

корито
a baki

съд за мляко
a merki kan

чувал
a saka

ограда
a skotu

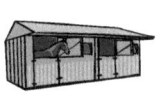

обор
a pen

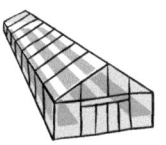

парник
a grun kasi

земя
a gron

сеитба
a siri

тор
a doti

комбайн
a maaidorser

селски двор - a burugron

жъна
koti

реколта
a nyanyan

ямс
a yami

жито
a aleisi

соя
a soja

картоф
a patata

царевица
a karu

рапица
a koro siri

овощно дърво
a froktu bon

маниока
a kasaba

зърнени храни
den siri

селски двор - a burugron

къща
a oso

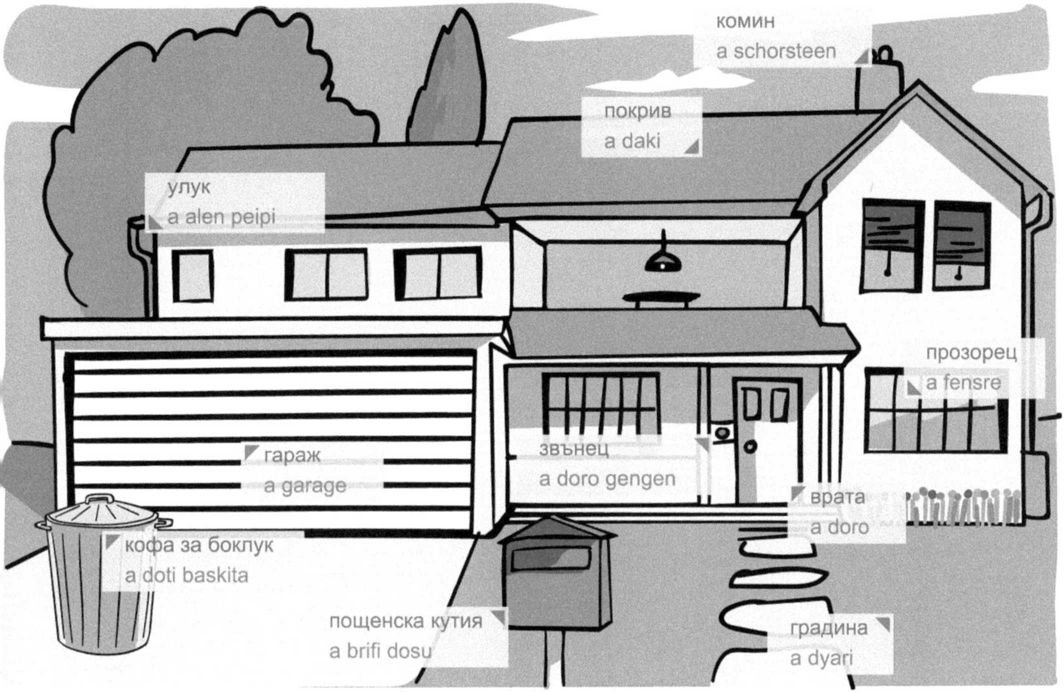

- комин — a schorsteen
- покрив — a daki
- улук — a alen peipi
- прозорец — a fensre
- гараж — a garage
- звънец — a doro gengen
- врата — a doro
- кофа за боклук — a doti baskita
- пощенска кутия — a brifi dosu
- градина — a dyari

всекидневна
a foroisi

баня
a was oso

кухня
a botrali

спалня
a sribikamra

детска стая
a pikin kamra

трапезария
a nyanyan kamra

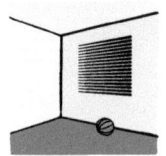

под
a gron

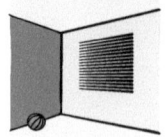

стена
a skotu

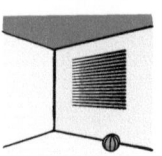

таван
a plafon

изба
a kedre

сауна
a sauna

балкон
a barkon

тераса
a terras

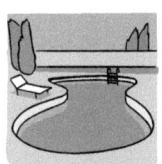

плувен басейн
a swen presi

косачка
a waimasyin

спално бельо
a sribikrosi

покривка за легло
a sribikrosi

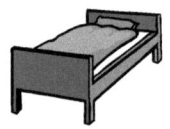

легло
a bedi

метла
a sisibi

кофа
a embre

електрически ключ
a san fu leti faya

къща - a oso

всекидневна
a foroisi

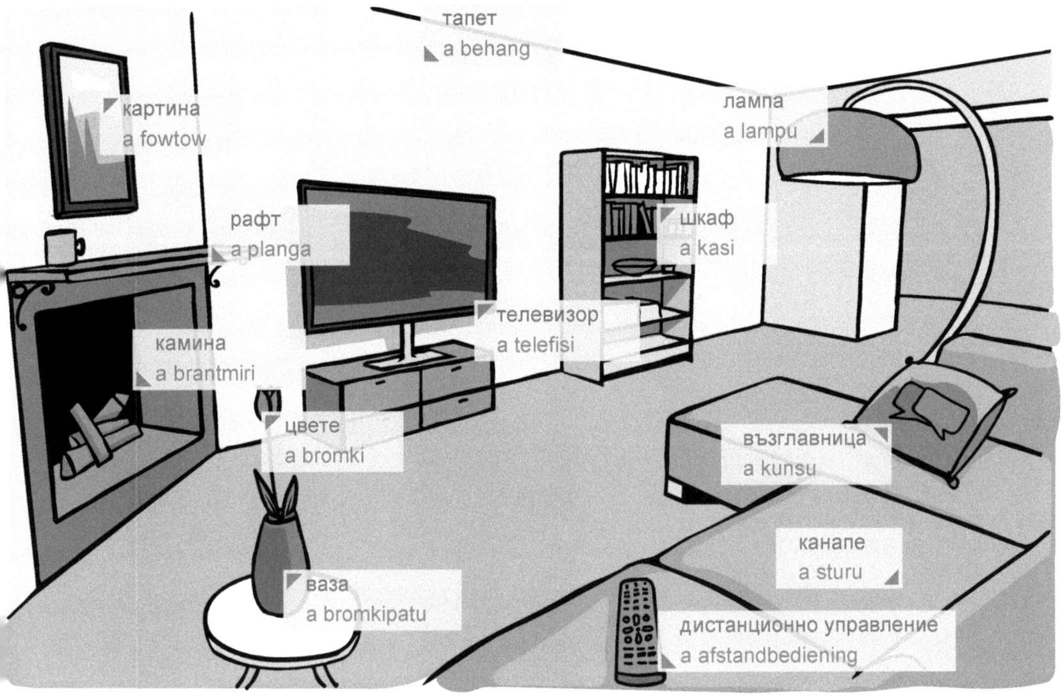

- картина — a fowtow
- тапет — a behang
- лампа — a lampu
- рафт — a planga
- шкаф — a kasi
- камина — a brantmiri
- телевизор — a telefisi
- цвете — bromki
- възглавница — a kunsu
- ваза — a bromkipatu
- канапе — a sturu
- дистанционно управление — a afstandbediening

килим
a matamata

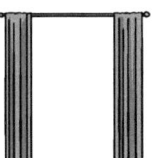

завеса
a garden

маса
a tafra

стол
a sturu

люлеещ се стол
a boboisturu

кресло
a sturu

всекидневна - a foroisi

книга
a buku

одеяло
a tapun

декорация
a pranpran

дърва за отопление
a udu

филм
a kino

стерео уредба
a stereo-installatie

ключ
a sroto

вестник
a koranti

живопис
a skedrei

постер
a poster

радио
a konkrudosu

бележник
a skrifi buku

прахосмукачка
a stofsuiger

кактус
a kaktus

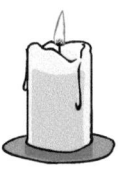
свещ
a kandra

всекидневна - a foroisi

кухня
a botrali

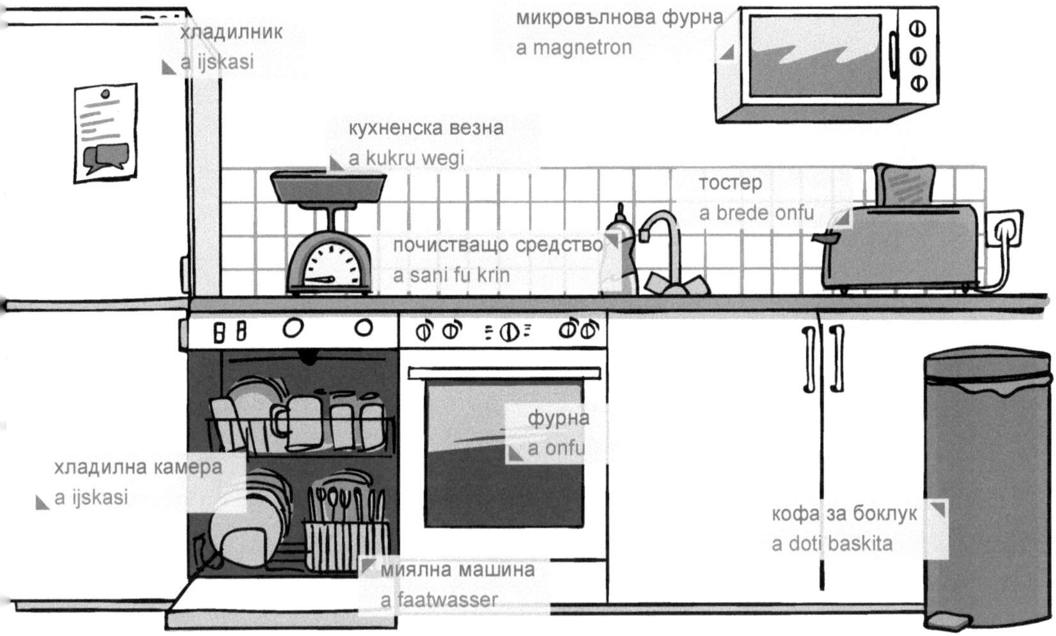

хладилник
- a ijskasi

микровълнова фурна
a magnetron

кухненска везна
- a kukru wegi

тостер
a brede onfu

почистващо средство
a sani fu krin

фурна
a onfu

хладилна камера
- a ijskasi

кофа за боклук
a doti baskita

миялна машина
a faatwasser

готварска печка
a onfu

тенджера
a patu

желязна тенджера
a isri patu

уок / кадаи
a wok / kadai

тиган
a pan

кана за затопляне на вода
a ketre

кухня - a botrali

уред за готвене на пара
a dampupatu

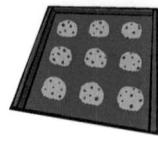

тава за печене
a baka preti

съдове
den tafra-sani

чаша
a kan

купа
a koba

клечки за хранене
den nyantiki

черпак
a supu spun

лопатка за тиган
a spatel

тел за разбиване (на яйца, белтъци)
a klutser

кошница за варене
a fergiet

гевгир
a dorodoro

ренде
a gritigriti

хаван
a mortier

барбекю
a barbakoto

огнище
a faya presi

кухня - a botrali

дъска

a koti planga

точилка

a blon lolo

тирбушон

a korkutreki

кутия

a tromu

отварачка за консерви

a knefi fu opo blik

кухненска ръкохватка

a patu duku

мивка

a wasibaki

четка

a bosro

гъба

a sponsu

миксер

a blender

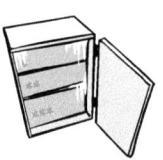

фризер

a ijskasi

бебешко шише

a beibi batra

воден кран

a kran

кухня - a botrali

баня
a was oso

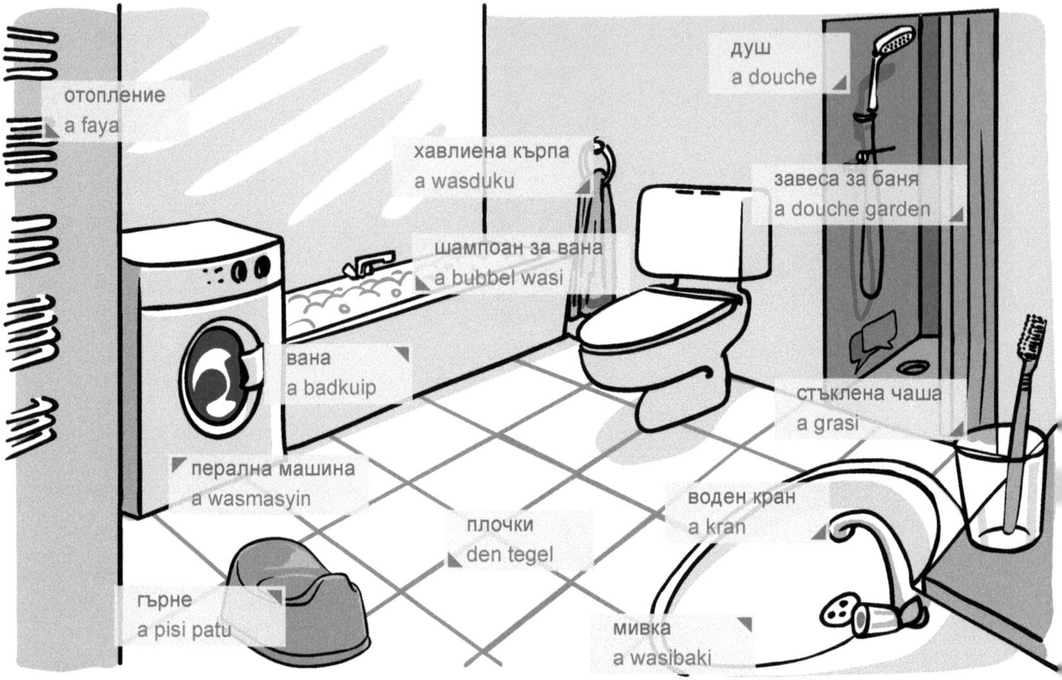

- отопление — a faya
- душ — a douche
- хавлиена кърпа — a wasduku
- завеса за баня — a douche garden
- шампоан за вана — a bubbel wasi
- вана — a badkuip
- стъклена чаша — a grasi
- перална машина — a wasmasyin
- воден кран — a kran
- плочки — den tegel
- гърне — a pisi patu
- мивка — a wasibaki

тоалетна
a kumakoisi

клекало
a kumakoisi

биде
a bidet

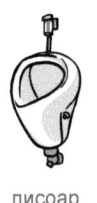

писоар
a pisi presi

тоалетна хартия
a kumakoisi papira

четка за тоалетна
a kumakoisi bosro

четка за зъби

a tifi bosro

паста за зъби

a tandpasta

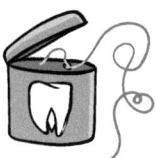

конец за зъби

a floss

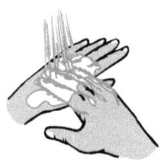

мия

wasi

ръчен душ

a douche

интимен душ

a kumakoisi douche

леген

a was koba

четка за гръб

a baka bosro

сапун

a sopo

душ гел

a douchegel

шампоан за вана

a sopo

гъба за баня

a was krosi

сифон

a afvoer

крем

a krème

дезодорант

a okselstik

баня - a was oso

огледало
a spikri

козметично огледало
a moimoi fu fesi spikri

ръчна самобръсначка
a sebinefi

пяна за бръснене
a sebiskuma

одеколон за след бръснене
a aftershave

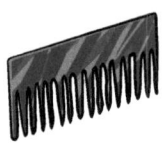

гребен
a kankan

четка
a bosro

сешоар
a wiri drei masyin

спрей за коса
a wirispray

грим
a moimoi fu fesi

червило
a lippenstift

лак за нокти
a nangra ferfi

памук
den katun

ножица за нокти
a nangra sey

парфюм
a switi smeri

баня - a was oso

тоалетна чантичка

a tas gi krin sani

табуретка

a kroku

везна

a wegi

хавлия

a was dyaki

домакински ръкавици

den handschoen fu krin

тампон

a tampon

дамски превръзки

a munduku

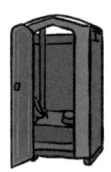

химическа тоалетна

a kumakoisi

баня - a was oso

детска стая

a pikin kamra

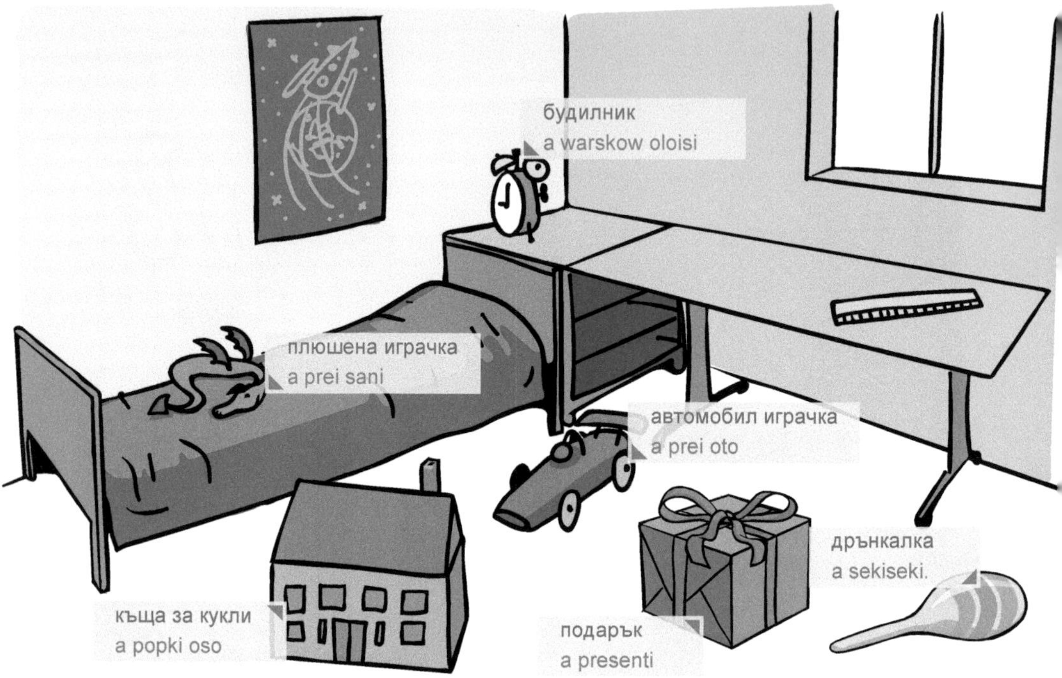

будилник
a warskow oloisi
плюшена играчка
a prei sani
автомобил играчка
a prei oto
дрънкалка
a sekiseki.
къща за кукли
a popki oso
подарък
a presenti

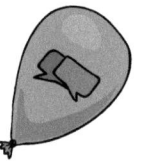

балон

a ballon

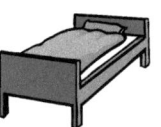

легло

a bedi

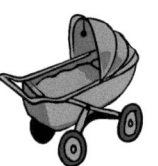

детска количка

a beibiwagi

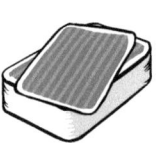

игра на карти

a paki karta

пъзел

a laytori

SUPER
MEGA

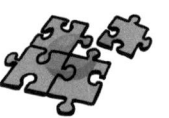

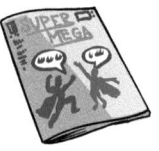

комикс

a strip torie

лего елементи

den lego ston

строителни елементи

den prei sani

екшън фигурка

a aktiefiguurtje

бебешки гащеризон

a beibikrosi

фрисби

a frisbee

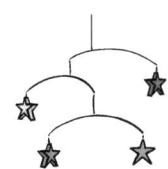

бебешки играчки за легло

a mobile

настолна игра

a prei tapu bord

зарче

a prei ston

миниатюрно влакче

a prei sani loko

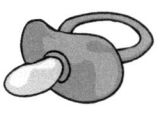

биберон

a bobimofo

парти

a fesa

детска книга с илюстрации

a prenki buku

топка

a bal

кукла

a popki

играя

prei

детска стая - a pikin kamra

пясъчник
a santi baki

люлка
a boboisturu

играчка
den preisani

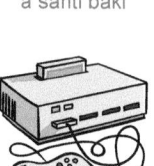

игрова конзола
a prei komputer

велосипед с три колелета
a baysigri

плюшено мече
a prei sani

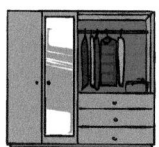

гардероб
a krosikasi

облекло
a krosi

къси чорапи
den kowsu

дълги чорапи
den kowsu

чорапогащник
a kowsu

шал
a sjaal

чадър
a prasoro

Т-шърт
a bosroko

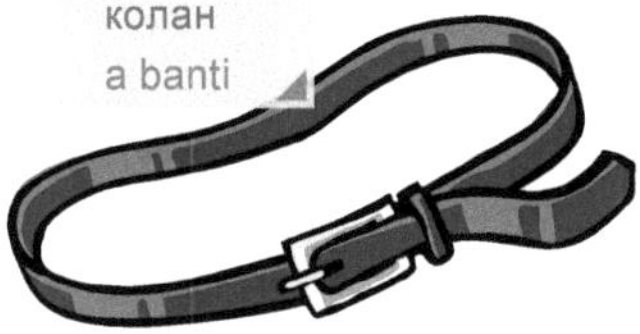

колан
a banti

ботуши
a buta

пантофи
den slipper

гуменки
den pata

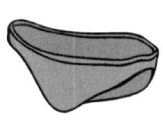

сандали
den susu

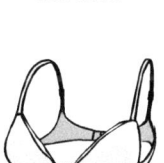

обувки
den susu

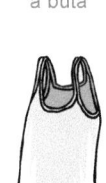

гумени ботуши
a buta

слип
a jockey

сутиен
a bh

долна блуза
a kamsoro

облекло - a krosi

боди
a skin

панталон
a bruku

дънки
a jeansbruku

пола
a koto

блуза
a blus

риза
a empi

пуловер
a empi

суичър
a dyaki

блейзър
a djakti

яке
a dyakti

палто
a alendyakti

дъждобран
a alendyakti

костюм
a paki

рокля
a yapon

булчинска рокля
a trowyapon

облекло - a krosi

 костюм a paki	 нощница a sribikrosi	 пижама a sribikrosi
 сари a sari	 кърпа за глава a angisa	 тюрбан a tulband
 бурка a burka	 кафтан a kaftan	 абая a abaya
 бански костюм a swenkrosi	 плувни шорти a swenbruku	 къс панталон a syatu bruku
 анцуг a training paki	 престилка a feskoki	 ръкавици a handschoen

облекло - a krosi

копче
a knopo

очила
a aygrasi

гривна
a anubuy

верижка
a keti

пръстен
a linga

обеца
a yesilinga

каскет
a ati

закачалка
a krosi anga

шапка
a ati

вратовръзка
a tay

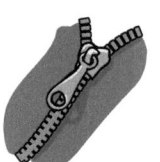
цип
a rits

каска
a feti musu

тиранти
a bretel

ученическа униформа
a sem skoro krosi

униформа
a sem krosi

облекло - a krosi

лигавник

a slabbetje

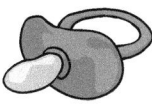

биберон

a bobimofo

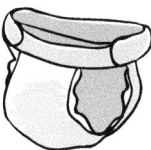

пелена

a pisiduku

офис
a kantoro

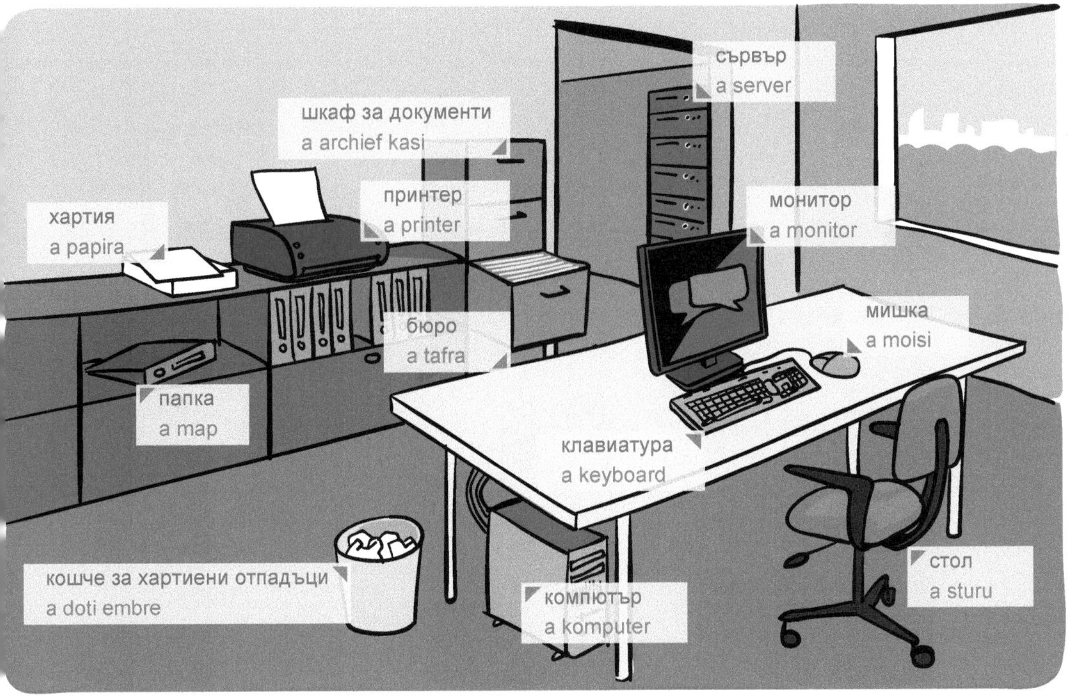

- шкаф за документи — a archief kasi
- сървър — a server
- принтер — a printer
- монитор — a monitor
- хартия — a papira
- бюро — a tafra
- мишка — a moisi
- папка — a map
- клавиатура — a keyboard
- кошче за хартиени отпадъци — a doti embre
- компютър — a komputer
- стол — a sturu

чаша за кафе

a kofi kan

джобен калкулатор

a kalkulator

интернет

a internet

офис - a kantoro

лаптоп
a laptop

писмо
a brifi

съобщение
a boskopu

мобилен телефон
a konkrutitei

мрежа
a neti

ксерокс
a kopi masyin

софтуер
a software

телефон
a konkrutitei

контакт
a stopkontakt

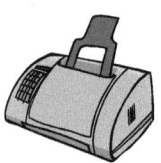
факс
a fax masyin

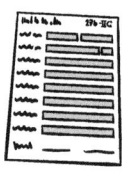
формуляр
a formulier

документ
a papira

офис - a kantoro

икономика
a ekonomia

купувам
bai

плащам
pai

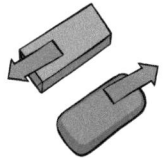
търгувам
du

пари
a moni

долар
a dollar

евро
a euro

йена
a yen

рубла
a rubel

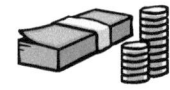
швейцарски франк
a frank

ренминби юан
a renminbi yuan

рупия
a rupie

банкомат
a monimasyin

обменно бюро

a kenki kantoro

злато

a gowtu

сребро

a solfru

нефт

a oli

енергия

a krakti

цена

a prijs

договор

a kontrakti

данък

a lantimoni

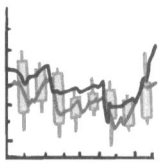

акция

a pisi

работя

wroko

служител

a wrokoman

работодател

a wrokobasi

фабрика

a fabrik

магазин за цветя

a wenkri

икономика - a ekonomia

професии
den kari

полицай
a skowtu

пожарникар
a brandweerman

готвач
a boriman

лекар
a datra

пилот
a piloot

градинар
a djariman

мебелист
a temreman

шивачка
a modist

съдия
a krutubasi

химик
a scheikunde sma

артист
a akteur

шофьор на автобус	шофьор на такси	рибар
a bus sjafeur	a taximan	a fisiman

чистачка	майстор на покриви	келнер
a krinsma	a dakitapu man	a diniman

ловец	художник	хлебар
a ontiman	a ferfiman	a bakriman

електротехник	строителен работник	инженер
a elektrikman	a bow-wroko man	a ensjinoru

касапин	тенекеджия	пощальон
a sraktiman	a loodgieter	a postbode

професии - den kari

войник
a srudati

архитект
a architekt

касиер
a kasman

цветар
a bromkisma

фризьор
a seti sma wiri man

кондуктор
a kondukteur

механик
a monteur

капитан
a kapten

зъболекар
a tifidatra

научен работник
a sabiman

равин
a Dyu domri

имàм
a Moslim domri

монах
a moniki

свещеник
a priester

професии - den kari

55

инструменти
a wrokosani

чук
a amra

клещи
a tang

отвертка
a san fu drai skrufu

гаечен ключ
a muru sroto

джобна лампа
a flashlight

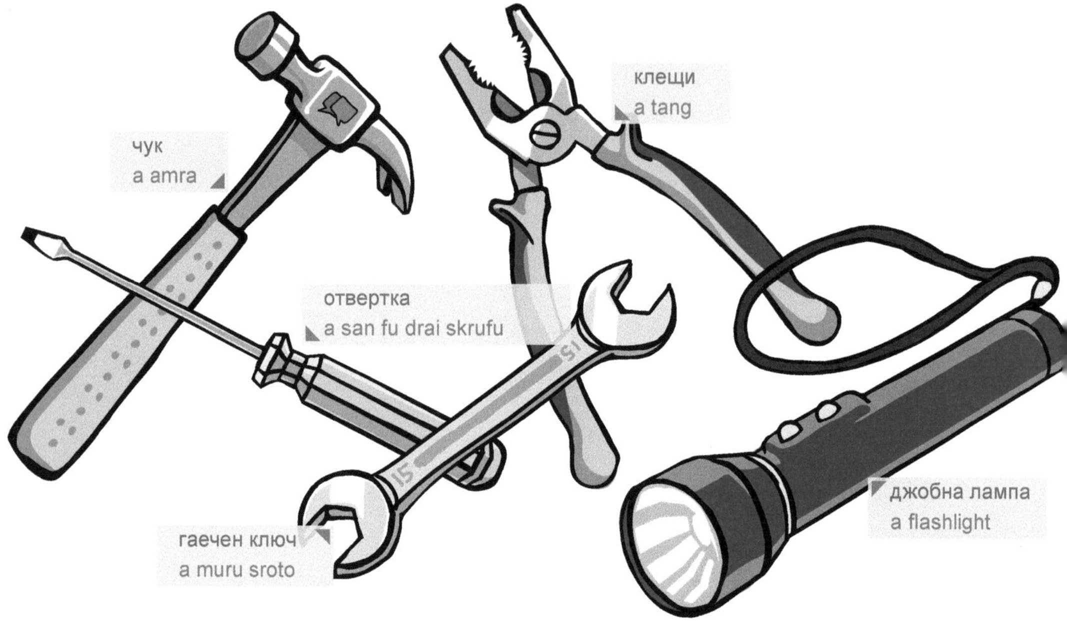

багер
a dikimasyin

кутия за инструменти
a wrokosani kisi

стълба
a trapu

трион
a sa

пирони
den spikri

бормашина
a boro

ремонтирам
meki

лопата
a skepi

По дяволите!
Baya!

лопатка за смет
a stofblik

кутия за боя
a ferfi patu

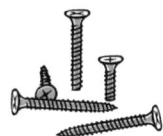
болтове
den skrufu

музикални инструменти
den poku sani

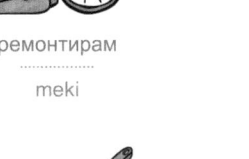

ударни инструменти
a dronstel

високоговорител
a boskopu barbari sani

контрабас
a kontra bas

тромпет
a tronpèti

китара
a gitara

пиано a piano	виолина a finyoro	контрабас a bas

тимпан a pauk	барабан a dron	електрическо пиано a keyboard

саксофон a saxofon	флейта a froiti	микрофон a mikrofon

музикални инструменти - den poku sani

зоологическа градина
a meti dyari

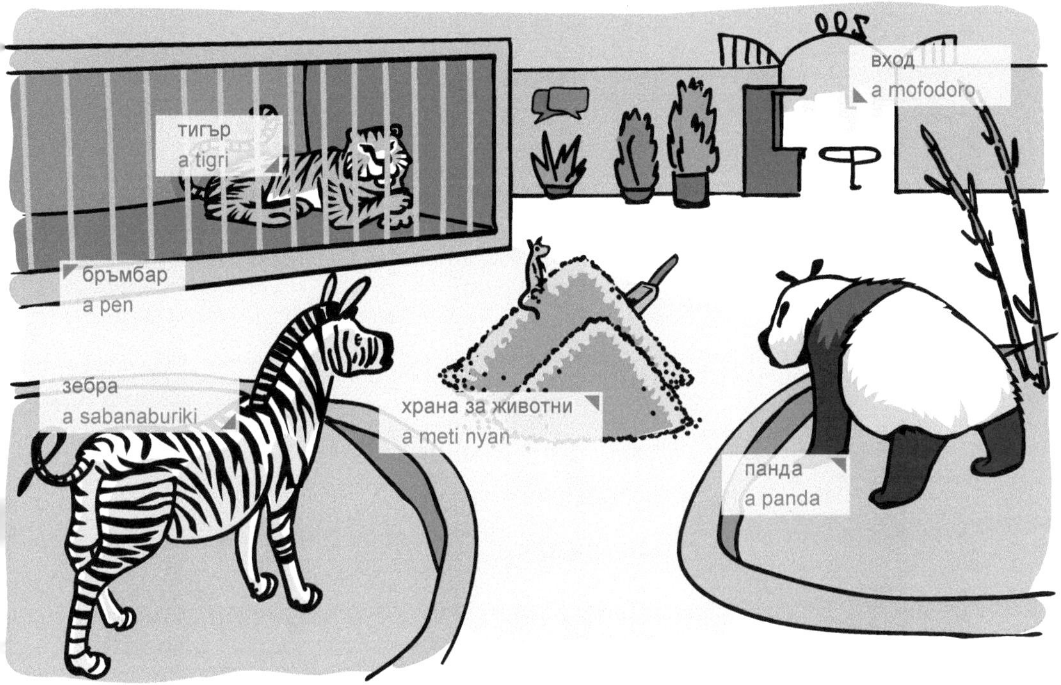

вход
a mofodoro

тигър
a tigri

бръмбар
a pen

зебра
a sabanaburiki

храна за животни
a meti nyan

панда
a panda

животни
den meti

слон
a asaw

кенгуру
a kangeru

носорог
a neushoorn

горила
a gorilla

мечка
a beer

камила

a kameri

щраус

a stroisifowru

лъв

a lew

маймуна

a monki

фламинго

a korikori

папагал

a popokai

бяла мечка

a ijsbeer

пингвин

a pinguïn

акула

a sarki

паун

a prodokaka

змия

a sneki

крокодил

a kaiman

пазач в зоологическа градина

a sma san e sorgu meti

тюлен

a sedagu

ягуар

a penitigri

зоологическа градина - a meti dyari

пони

a pikin asi

леопард

a penitigri

хипопотам

a watrabofru

жираф

a giraf

орел

a aka

диво прасе

a werder agu

риба

a fisi

костенурка

a sekrepatu

морж

a walrus

лисица

a sabanadagu

газела

a dia

зоологическа градина - a meti dyari

спорт
a sport

дейности
den aktifiteit

скачам — jompo
прегръщам — brasa
смея се — lafu
вървя — waka
пея — singi
сънувам — dren
моля се — begi
целувам — bosi

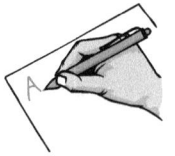

пиша

skrifi

рисувам

hari

показвам

sori

бутам

pusu

давам

gi

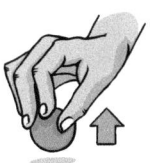

взимам

teki

имам
abi

правя
dati

съм
de

стоя
tnapu

тичам
lon

дърпам
hari

хвърлям
trowe

падам
fadon

лежа
lei

чакам
wakti

нося
tyari

седя
sidon

обличам
weri

спя
sribi

събуждам се
wiki

дейности - den aktifiteit

разглеждам
luku

плача
krei

милвам
korikori

реша се
kan

говоря
taki

разбирам
ferstan

питам
aksi

слушам
arki

пия
dringi

ям
nyanyan

разтребвам
krin

обичам
lobi

готвя
bori

карам автомобил
rei

летя
frei

дейности - den aktifiteit

65

плавам (с платна)
seiri

смятане
teri

чета
lesi

уча
leri

работя
wroko

женя се
trow

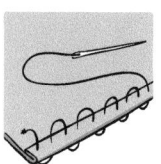
шия
nai

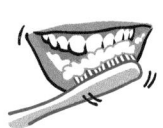
измивам си зъбите
krintifi

убивам
kiri

пуша
smoko

изпращам
seni

дейности - den aktifiteit

семейство
a famiri

баба / a granmama

дядо / a granpapa

баща / a papa

майка / a mama

бебе / a beibi

дъщеря / a umapikin

син / a manpikin

посетител

a fisiti

леля

a tanta

чичо

a omu

брат

a brada

сестра

a sisa

тяло
a skin

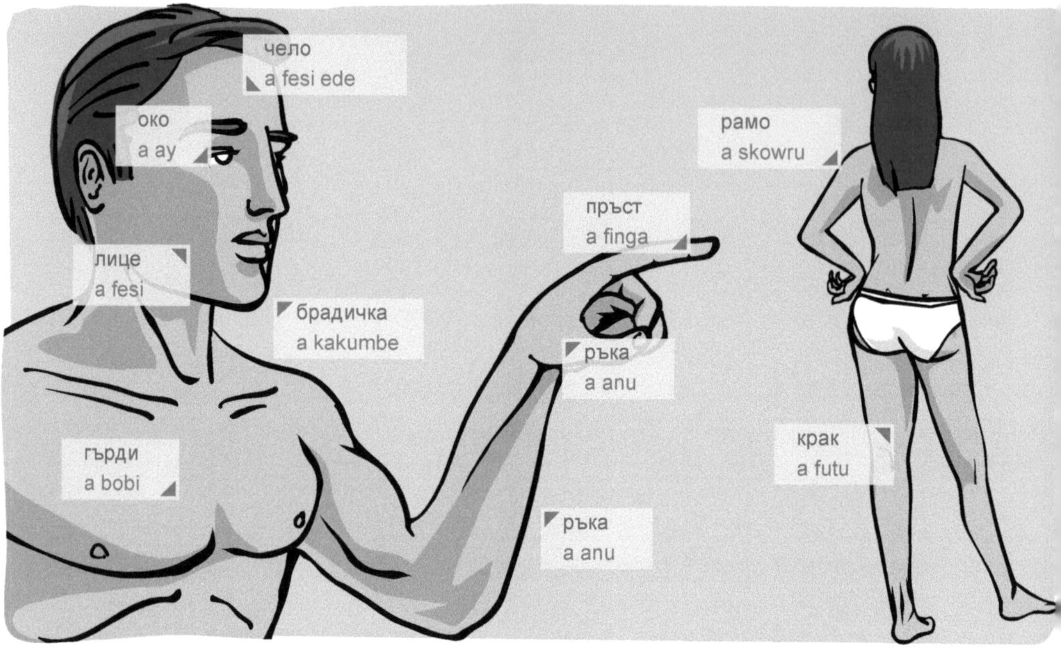

чело — a fesi ede
око — a ay
лице — a fesi
брадичка — a kakumbe
гърди — a bobi
рамо — a skowru
пръст — a finga
ръка — a anu
ръка — a anu
крак — a futu

бебе
a beibi

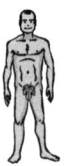

мъж
a man

жена
a uma

момиче
a uma pikin

момче
a boi

глава
a ede

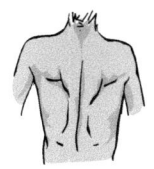

гръб
a baka

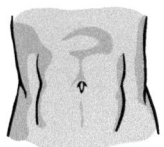

корем
a bere

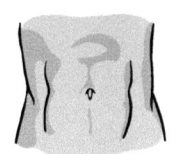

пъп
a kumba

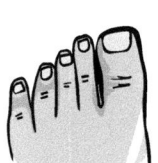

пръст на крака
a futufinga

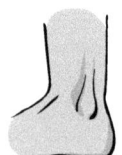

пета
a bakafutu

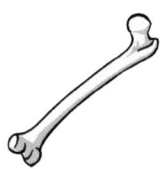

кост
a bonyo

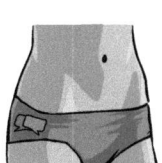

хълбок
a djonku

коляно
a kindi

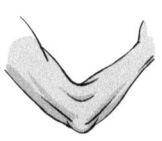

лакът
a baka anu

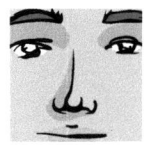

нос
a noso

седалище
a bakasei

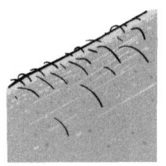

кожа
a skin

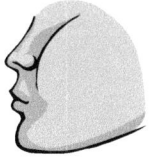

буза
a seifesi

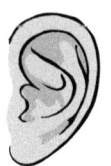

ухо
a yesi

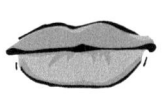

устна
den mofobuba

тяло - a skin

уста

a mofo

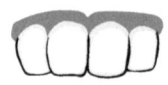

зъб

a tifi

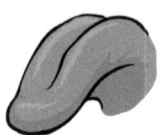

език

a tongo

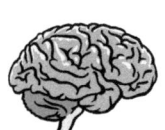

мозък

a ede tonton

сърце

a ati

мускул

a titei

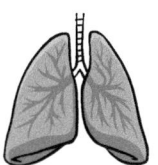

бял дроб

a fokofoko

черен дроб

a lefre

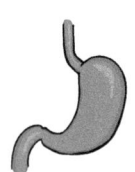

стомах

a bere

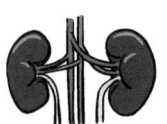

бъбреци

den niri

полово сношение

a freiri

кондом

a pipikowsu

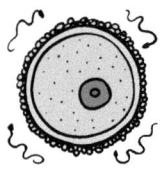

яйцеклетка

a eksi

сперма

a siri

бременност

a bere

тяло - a skin

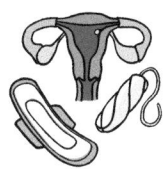
менструация
a munsiki

вагина
a umapresi

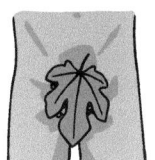
пенис
a toli

вежда
a tapu-ay-wiwiri

коса
a wiwiri

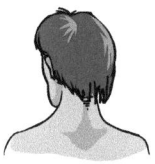
шия
a neki

тяло - a skin

болница
a ati oso

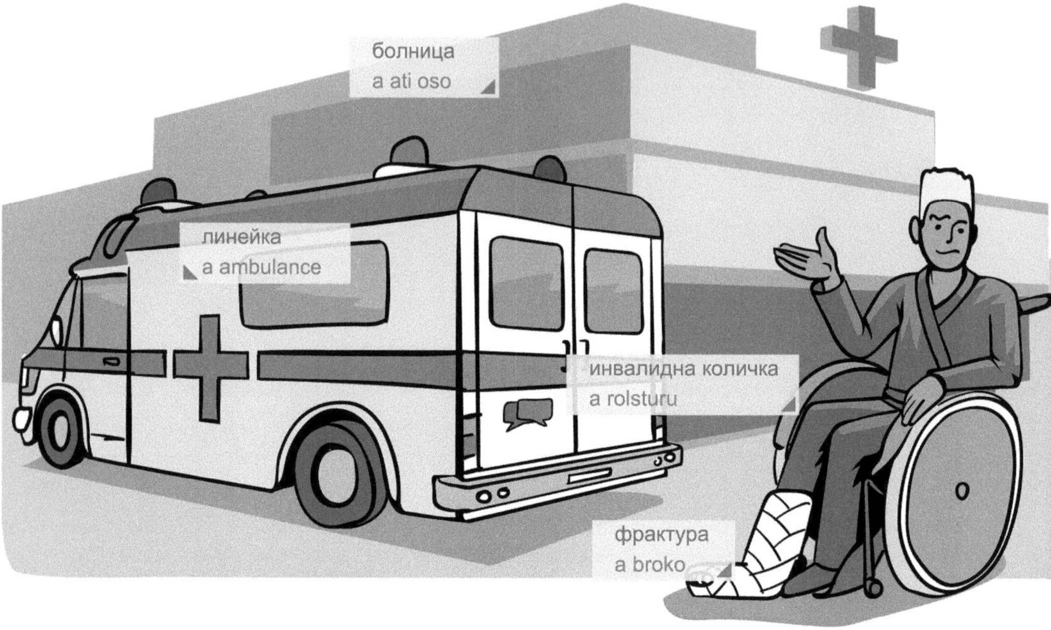

болница
a ati oso

линейка
a ambulance

инвалидна количка
a rolsturu

фрактура
a broko

лекар

a datra

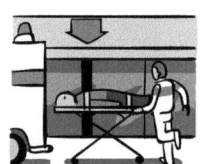

спешна хоспитализация

a EHBO

медицинска сестра

a suster

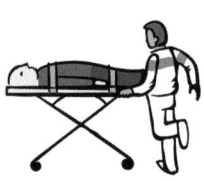

спешен случай

a nowtu

в безсъзнание

flaw

болка

a pen

нараняване
a soro

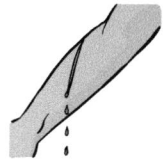

кървене
a brudu

инфаркт
a ati siki

инсулт
a bururtu

алергия
a trefu

кашлица
koso

температура
a kortsu

грип
a griep

диария
a lusu bere

главоболие
a ede-ati

рак
a takrusiki

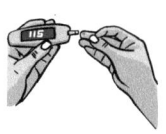

диабет
a sukru

хирург
a chirurg

скалпел
a skalpel

операция
a operâsi

болница - a ati oso

компютърна томография

a CT

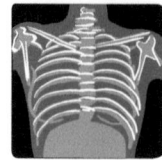

рентген

a röntgen

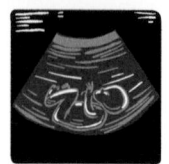

ултразвук

a echo

маска

a fesi maskradu

болест

a siki

чакалня

a wakti kamra

патерица

a kroku

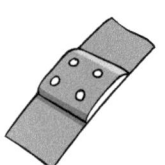

пластир

a duku

превръзка

a duku

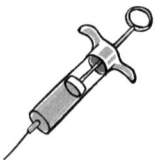

инжекция

a spoiti

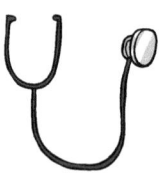

стетоскоп

a stethoskoop

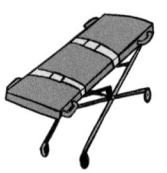

носилка

a brandkard

термометър

a temperatuur marki

раждане

a gebore

наднормено тегло

a fatu

болница - a ati oso

слухов апарат

a masyin fu yere

дезинфекционно средство

a sani fu krin

инфекция

a dyomposiki

вирус

a firus

HIV / AIDS

a HIV / AIDS

медицина

a dresi

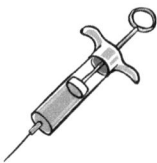

ваксинация

a faksinasi

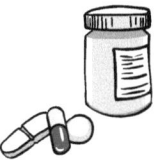

таблети

den perki

противозачатъчна таблетка

a perki

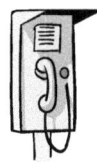

спешно телефонно обаждане

a nowtu nomru

апарат за измерване на кръвното налягане

a brudu marki

болен / здрав

siki / gesontu

болница - a ati oso

спешен случай
a nowtu

Помощ!
Yepi!

сигнал за тревога
a warskow

нападение
a feti

атака
a feti

опасност
a ogri

авариен изход
a nowtu doro

Пожар!
Faya!

пожарогасител
a fayakiri sani

злополука
a mankeri

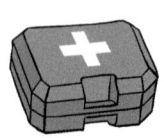

комплект за оказване на първа помощ
a EHBO-kofru

SOS
SOS

полиция
a skowtu

Земя
a grontapu

Европа

Bakrakondre

Северна Америка

Opo-Amerkan

Южна Америка

Suid-Amerkan

Африка

Afrika

Азия

Asi

Австралия

Australia

Атлантически океан

a Atlantis Se

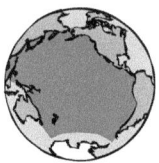

Тихи океан

a Tan tiri Se

Индийски океан

a Indisch Se

Южен ледовит океан

a Suidsei Se

Северен ледовит океан

a Noordsei Se

Северен полюс

a Noordsei

Южен полюс
a Suidsei

Антарктида
Antartika

Земя
a grontapu

суша
a kondre

море
a se

остров
a eilanti

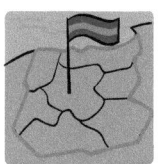
нация
a nâsi

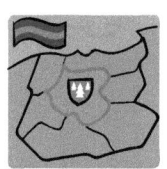
държава
a lanti

часовник
oloisi

циферблат
a oloisi fesi

стрелка на часовете
a yuru sori

стрелка на минутите
a miniti sori

стрелка на секундите
a sekonde sori

Колко е часът?
O lati a de?

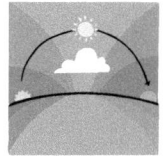

ден
a dey

време
a ten

сега
now

дигитален часовник
a oloisi

минута
a miniti

час
a yuru

седмица
a wiki

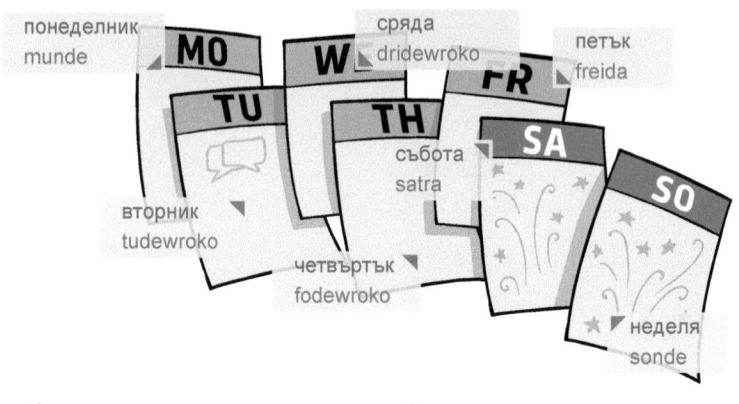

понеделник
munde

сряда
dridewroko

петък
freida

вторник
tudewroko

събота
satra

четвъртък
fodewroko

неделя
sonde

вчера
esde

днес
tide

утре
tamara

сутрин
a mamanten

обед
a bakadina

вечер
a neti

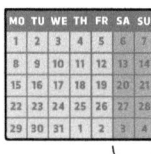

работни дни
den wrokodei

уикенд
a weekend

година
a yari

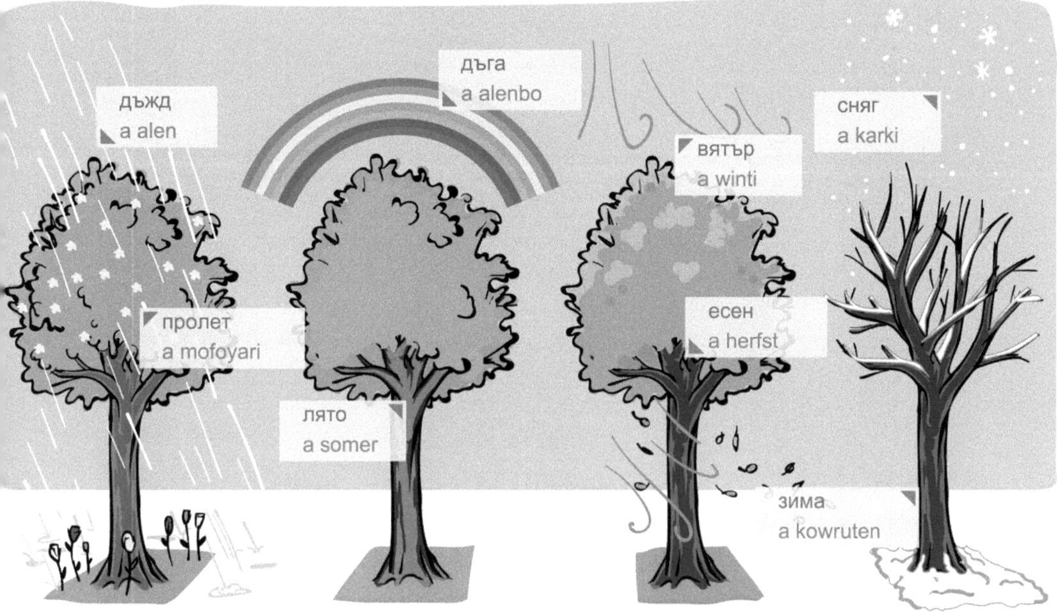

дъжд
a alen

дъга
a alenbo

вятър
a winti

сняг
a karki

пролет
a mofoyari

лято
a somer

есен
a herfst

зима
a kowruten

прогноза за времето

a taki fu a weer

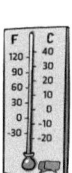

термометър

a thermometer

слънчева светлина

a skèin fu a son

облак

a wolku

мъгла

a dow

влажност на въздуха

a loktu foktu

светкавица
a faya

гръмотевица
a dondru

буря
a sekiwatra

градушка
a agra

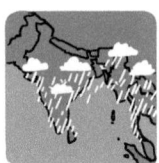

мусон
a bigi skwala

наводнение
a frudu

лед
a èisi

януари
januari

февруари
februari

март
maart

април
april

май
mei

юни
juni

юли
juli

август
augustus

година - a yari

септември

september

октомври

oktober

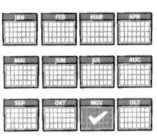

ноември

nofember

декември

december

форми
den form

кръг

a lontu

квадрат

a fokanti

четириъгълник

a fokanti naga langa sei

триъгълник

a dri-uku

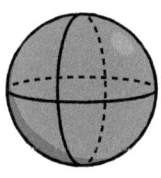

сфера

a lontu

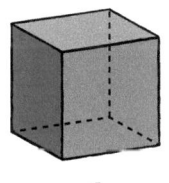

куб

a kubus

цветове
kloru

бял

witi

жълт

geri

оранжев

alanya

розов

ròs

червен

redi

лилав

lila

син

blaw

зелен

grun

кафяв

broin

сив

grei

черен

blaka

противоположности
difrenti

много / малко
tumsi / wanwan

ядосан / спокоен
atibron / tiri

красив / грозен
moi / takru

начало / край
begin / kba

голям / малък
bigi / ptyin

светъл / тъмен
lekti / dungru

брат / сестра
brada / sisa

чист / мръсен
krin / doti

пълен / непълен
krinkrin / no bun nofo

ден / нощ
dei / neti

мъртъв / жив
dede / libi

широк / тесен
bradi / smara

ядлив / неядлив
kan nyan / no kan nyan

сърдит / любезен
takru / bun

развълнуван / скучаещ
prisiri / ferferi

дебел / тънък
fatu / fini

най-напред / най-накрая
fosi / lasti

приятел / враг
mati / feyanti

пълен / празен
furu / leigi

твърд / мек
tranga / safu

тежък / лек
hebi / lekti

глад / жажда
angri / dreineki

болен / здрав
siki / gesontu

нелегален / легален
no gi pasi / tru

интелигентен / глупав
koni / don

ляво / дясно
kruktu / leti

близо / далече
gi / fara

противоположности - difrenti

нов / употребяван

nyun / owru

нищо / нещо

noti / wan sani

стар / млад

owru / jongu

вкл. / изкл.

leti / tapu

отворен / затворен

opo / tapu

тих / силен (звук)

safu / tranga

богат / беден

gudu / poti

правилен / погрешен

bun / fowtu

грапав / гладък

grofu / grati

тъжен / щастлив

sari / breiti

дълъг / къс

shatu / langa

бавен / бърз

loli / esi esi

мокър / сух

nati / drei

топъл / студен

warang / kowru

война / мир

feti / freide

противоположности - difrenti

числа
den nomru

0 нула — noti

1 едно — wan

2 две — tu

3 три — dri

4 четири — fo

5 пет — feifi

6 шест — siksi

7 седем — seibi

8 осем — aiti

9 девет — neigi

10 десет — tin

11 единадесет — erfu

12
дванадесет
twarfu

13
тринадесет
tin-na-dri

14
четиринадесет
tin-na-fo

15
петнадесет
tin-na-feifi

16
шестнадесет
tin-na-siksi

17
седемнадесет
tin-na-seibi

18
осемнадесет
tin-na-aiti

19
деветнадесет
tin-na-neigi

20
двадесет
twenti

100
сто
hondru

1.000
хиляда
dusun

1.000.000
милион
milyun

числа - den nomru

езици
den tongo

английски

Ingristongo

американски английски

Amerkan Ingristongo

китайски мандарин

Sneisi Mandarijntongo

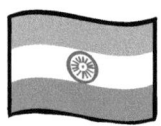

хинди

Hinditongo

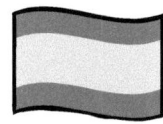

испански

Spanyoro

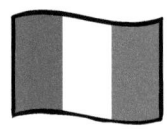

френски

Frans

арабски

Arabiatongo

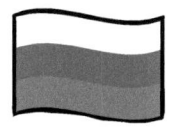

руски

Rusitongo

португалски

Potogisi

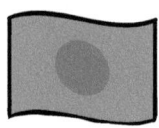

бенгалски

Bengalitongo

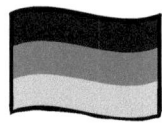

немски

Doisritongo

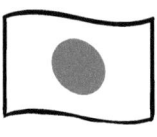

японски

Japantongo

кой / какво / как
suma / sang / fa

аз
mi

ти
yu

той / тя / то
en / en / en

ние
unu

вие
yu

те
den

кой?
suma?

какво?
san?

как?
fa?

къде?
pe?

кога?
oten?

име
a nen

къде
pe

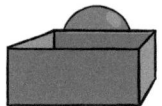

зад

baka

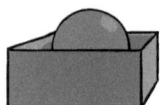

в

ini

пред

fesi

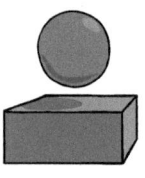

над

abra

върху

tapu

под

ondro

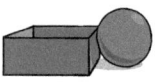

до

na sei

между

mindri

място

presi